AF175206

Impressum
Verlag: BABADADA GmbH, Nedderfeld 112 , 22529 Hamburg
Geschäftsführer / Verlagsleitung: Harald Hof
Druck: Books on Demand GmbH, In de Tarpen 42, 22848 Norderstedt

Imprint
Publisher: BABADADA GmbH, Nedderfeld 112 , 22529 Hamburg, Germany
Managing Director / Publishing direction: Harald Hof
Print: Books on Demand GmbH, In de Tarpen 42, 22848 Norderstedt

el colegio
სკოლა

el aula
საკლასო ოთახი
dividir
გაყოფა
186/2
el pizarrón
დაფა
el patio de la escuela
სკოლის ეზო
el maestro
მასწავლებელი
el papel
ქაღალდი
escribir
წერა
la birome
კალამი
el escritorio
მაგიდა
la regla
სახაზავი
el libro
წიგნი
el alumno
მოსწავლე

la mochila
....
ზურგჩანთა

la caja de lápices
....
პენალი

el lápiz
....
ფანქარი

el sacapuntas
....
ფანქრების სათლელი

la goma (de borrar)
....
საშლელი

el bloc de dibujo
....
ნახატების ალბომი

el dibujo

ნახატი

el pincel

ფუნჯი

la caja de pinturas

საღებავის ყუთი

la tijera

მაკრატელი

el pegamento

წებო

el cuaderno de ejercicios

სავარჯიშო რვეული

la tarea

საშინაო დავალება

el número

ნომერი

sumar

დამატება

restar

გამოკლება

multiplicar

გამრავლება

calcular

გამოთვლა

la letra

წერილი

el abecedario

ანბანი

la palabra

სიტყვა

el texto

ტექსტი

leer

წაკითხვა

la tiza

ცარცი

la lección

გაკვეთილი

el cuaderno de clase

რეგისტრაცია

el examen

გამოცდა

el certificado

სერტიფიკატი

el uniforme escolar

სკოლის ფორმა

la educación

განათლება

la enciclopedia

ენციკლოპედია

la universidad

უნივერსიტეტი

el microscopio

მიკროსკოპი

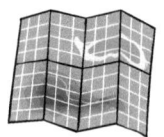

el mapa

რუქა

el tacho (de basura)

კალათა ნარჩენი
ქაღალდებისათვის

el viaje

მოგზაურობა

el hotel
სასტუმრო
el hostel
ჰოსტელი
la casa de cambio
ვალუტის გადაცვლის პუნქტი
la valija
ჩემოდანი
el auto
მანქანა

el idioma

ენა

sí / no

კი / არა

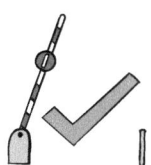

Está bien

კარგი

hola

გამარჯობა

el traductor

მთარგმნელი

Gracias

გმადლობთ

¿cuánto cuesta...?

რა ღირს... ?

No entiendo

ვერ გავიგე

el problema

პრობლემა

¡Buenas tardes!

აღამო მშვიდობისა!

¡Buenos días!

დილა მშვიდობისა!

¡Buenas noches!

ღამე მშვიდობისა!

el adiós

ნახვამდის

la dirección

მიმართულება

el equipaje

ბარგი

el bolso

ჩანთა

la mochila

ზურგჩანთა

el invitado

სტუმარი

la habitación

ოთახი

la bolsa de dormir

საძილე ტომარა

la carpa

კარავი

la información turística

ურისტული ინფორმაცია

la playa

სანაპირო

la tarjeta de crédito

საკრედიტო ბარათი

el desayuno

საუზმე

el almuerzo

ლანჩი

la cena

ვახშამი

el pasaje

ბილეთი

el ascensor

ლიფტი

el sello

საფოსტო მარკა

la frontera

საზღვარი

la aduana

საბაჟო

la embajada

საელჩო

la visa

ვიზა

el pasaporte

პასპორტი

el viaje - მოგზაურობა

el transporte
ტრანსპორტი

el avión
თვითმფრინავი
el barco
გემი
la autobomba
სახანძრო მანქანა
el colectivo
ავტობუსი
el camión
სატვირთო მანქანა
la lancha a motor
მოტორიზებული ნავი
la bicicleta
ველოსიპედი
el auto
მანქანა

el ferry

ბორანი

el bote

ნავი

la moto

მოტოციკლი

el patrullero

პოლიციის მანქანა

el auto de carreras

სარბოლო მანქანა

el auto de alquiler

დაქირავებული მანქანა

el alquiler de autos

მანქანის ერთობლივი მოხმარება

la grúa

საბუქსირე მანქანა

el camión de la basura

ნაგვის მანქანა

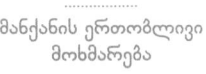

el motor

ძრავა

la nafta

საწვავი

la estación de servicio

ბენზინგასამართი სადგური

la señal de tránsito

საგზაო ნიშანი

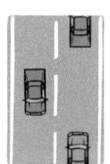

el tránsito

მოძრაობა

el embotellamiento

საცობი

el estacionamiento

მანქანის სადგომი

la estación de tren

მატარებლის სადგური

las vías

ლიანდაგები

el tren

მატარებელი

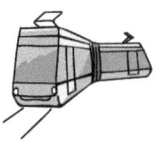

el tranvía

ტრამვაი

el vagón

ვაგონი

el helicóptero

ვერტმფრენი

el aeropuerto

აეროპორტი

la torre

კოშკი

el pasajero

მგზავრი

el contenedor

კონტეინერი

la caja de cartón

მუყაოს ყუთი

la carretilla

ურიკა

la canasta

კალათა

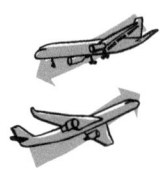

despegar / aterrizar

აფრენა / დაშვება

la ciudad

ქალაქი

el pueblo

სოფელი

el centro de la ciudad

ქალაქის ცენტრი

la casa

სახლი

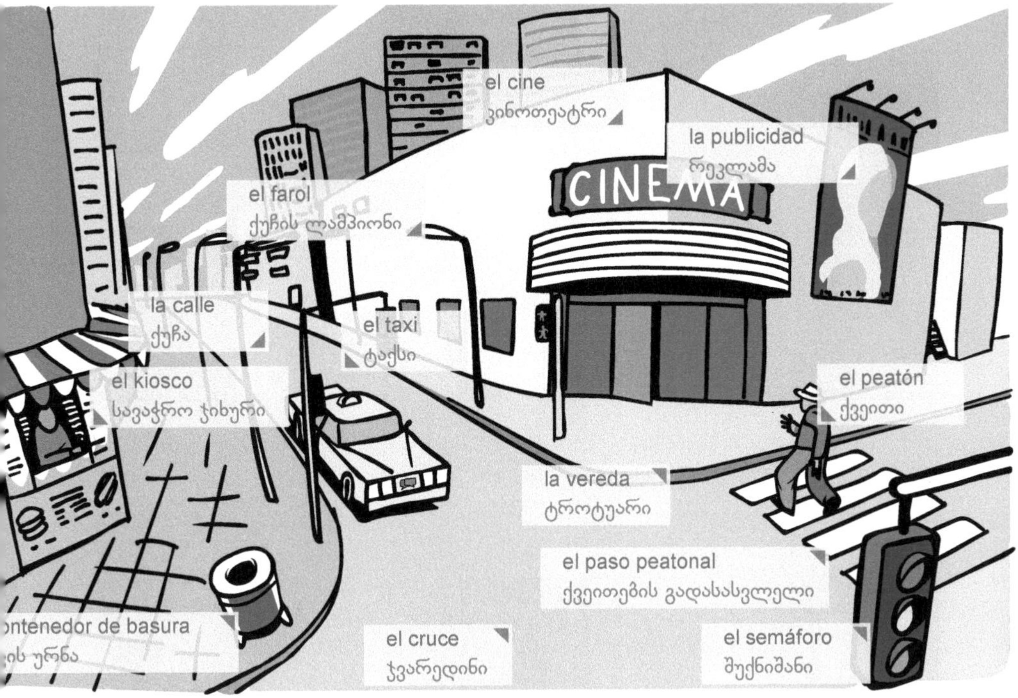
el cine
კინოთეატრი
la publicidad
რეკლამა
CINEMA
el farol
ქუჩის ლამპიონი
la calle
ქუჩა
el taxi
ტაქსი
el kiosco
სავაჭრო ჯიხური
el peatón
ქვეითი
la vereda
ტროტუარი
el paso peatonal
ქვეითების გადასასვლელი
ntenedor de basura
ის ურნა
el cruce
ჯვარედინი
el semáforo
შუქნიშანი

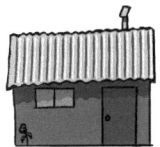

la cabaña

ქოხი

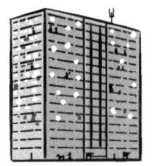

el departamento

ბინა

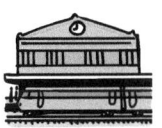

la estación de tren

მატარებლის სადგური

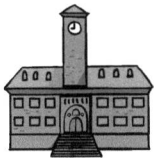

la municipalidad

მუნიციპალიტეტი

MUSEUM

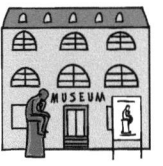

el museo

მუზეუმი

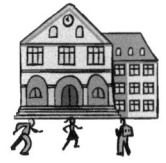

el colegio

სკოლა

la universidad

უნივერსიტეტი

el banco

ბანკი

el hospital

საავადმყოფო

el hotel

სასტუმრო

la farmacia

აფთიაქი

la oficina

ოფისი

la librería

წიგნების მაღაზია

el negocio

მაღაზია

la florería

ფლორისტი

el supermercado

სუპერმარკეტი

el mercado

ბაზარი

las grandes tiendas

მაღაზიის განყოფილება

la pescadería

თევზის გამყიდველი

el centro comercial

სავაჭრო ცენტრი

el puerto

ნავსადგომი

la ciudad - ქალაქი

el parque

პარკი

el banco

გრძელი სკამი

el puente

ხიდი

las escaleras

კიბეები

el subte

მიწისქვეშა გადასასვლელი

el túnel

გვირაბი

la parada del colectivo

ავტობუსის გაჩერება

el bar

ბარი

el restaurante

რესტორანი

el buzón

საფოსტო ყუთი

el letrero

ქუჩის ნიშანი

el parquímetro

პარკინგის საზომი

el zoológico

ზოოპარკი

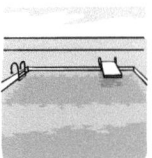

la pileta

საცურაო აუზი

la mezquita

მეჩეთი

la granja

ფერმა

la contaminación

გარემოს დაბინძურება

el cementerio

სასაფლაო

la iglesia

ეკლესია

los juegos infantiles

საბავშვო მოედანი

el templo

ტაძარი

el paisaje
ლანდშაფტი

la hoja
ფოთოლი

el poste indicador
გზის მანიშნებელი ნიშანი

el camino
გზა

la pradera
მდელო

la piedra
ქვა

el excursionista
მოგზაური

el árbol
ხე

el río
მდინარე

la hierba
ბალახი

la flor
ყვავილი

el valle

ხეობა

la montaña

გორაკი

el lago

ტბა

el bosque

ტყე

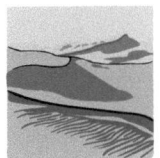

el desierto

უდაბნო

el volcán

ვულკანი

el castillo

ციხე

el arco iris

ცისარტყელა

el champiñón

სოკო

la palmera

პალმა

el mosquito

კოღო

la mosca

ბუზი

la hormiga

ჭიანჭველა

la abeja

ფუტკარი

la araña

ობობა

el escarabajo

ხოჭო

la rana

ბაყაყი

la ardilla

ციყვი

el erizo

ზღარბი

la liebre

კურდღელი

la lechuza

ბუ

el pájaro

ფრინველი

el cisne

გედი

el jabalí

ტახი

el ciervo

ირემი

el alce

ცხენ-ირემი

la presa

კაშხალი

el aerogenerador

ქარის ტურბინა

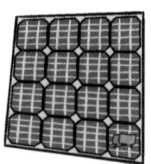

el panel solar

მზის ბატარეა

el clima

კლიმატი

el paisaje - ლანდშაფტი

el restaurante
რესტორანი

el mozo
მიმტანი
el menú
მენიუ
la silla
სკამი
la sopa
სუპი
la pizza
პიცა
los cubiertos
დანა-ჩანგალი
el mantel
მაგიდაზე გადასაფარებელი

la entrada
საუზმე

el plato principal
მთავარი კერძი

el postre
დესერტი

las bebidas
დასალევი

la comida
საჭმელი

la botella
ბოთლი

la comida rápida

სწრაფი კვება

la comida callejera

ქუჩის საჭმელი

la tetera

ჩაიდანი

la azucarera

საშაქრე

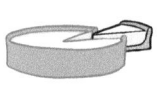

la porción

პორცია

la cafetera expreso

ესპრესოს მანქანა

la sillita alta

მაღალი სკამი

la cuenta

ანგარიში

la bandeja

ლანგარი

el cuchillo

დანა

el tenedor

ჩანგალი

la cuchara

კოვზი

la cucharita

ჩაის კოვზი

la servilleta

ხელსახოცი

el vaso

ჭიქა

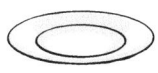

el plato	el plato hondo	el plato
თეფში	სუპის თეფში	ჩაის ლამბაქი

la salsa	el salero	el molinillo de pimienta
საწებელი	სამარილე	წიწაკის საფქვავი

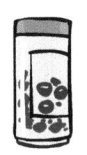 

el vinagre	el aceite	las especias
ძმარი	ზეთი	სანელებლები

el kétchup	la mostaza	la mayonesa
კეტჩუპი	მდოგვი	მაიონეზი

el supermercado

სუპერმარკეტი

la oferta especial
სპეციალური შეთავაზება
el cliente
მომხმარებელი
los lácteos
რძის ნაწარმი
la fruta
ხილი
el changuito
ურიკა

la carnicería

საყასბო

la panadería

საცხობი

pesar

აწონვა

las verduras

ბოსტნეული

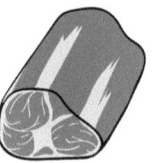

la carne

ხორცი

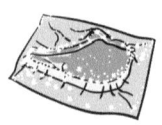

los alimentos congelados

გაყინული საკვები

los fiambres

გრილი ხორცი

los alimentos enlatados

კონსერვები

el detergente en polvo

სარეცხი ფხვნილი

las golosinas

ტკბილეული

los electrodomésticos

საყოფაცხოვრებო
პროდუქტები

los productos de limpieza

სარეცხი საშუალებები

la vendedora

გამყიდველი

la caja

სალარო

el cajero

მოლარე

la lista de compras

საყიდლების სია

el horario de atención

მუშაობის საათები

la billetera

პორტმანი

la tarjeta de crédito

საკრედიტო ბარათი

la cartera

ჩანთა

la bolsa de plástico

პლასტიკური პარკი

las bebidas
დასალევი

el agua

წყალი

el jugo

წვენი

la leche

რძე

la bebida cola

კოკა-კოლა

el vino

ღვინო

la cerveza

ლუდი

el alcohol

ალკოჰოლი

el cacao

კაკაო

el té

ჩაი

el café

ყავა

el café expreso

ესპრესო

el cappuccino

კაპუჩინო

la banana

ბანანი

la manzana

ვაშლი

la naranja

ფორთოხალი

el melón

საზამთრო

el limón

ლიმონი

la zanahoria

სტაფილო

el ajo

ნიორი

el bambú

ბამბუკი

la cebolla

ხახვი

el champiñón

სოკო

las nueces

კაკალი

los fideos

ატრია

los tallarines

სპაგეტი

el arroz

ბრინჯი

la ensalada

სალათი

las papas fritas

ჩიპსები

las papas fritas

შემწვარი კარტოფილი

la pizza

პიცა

la hamburguesa

ჰამბურგერი

el sándwich

სენდვიჩი

el churrasco

კოტლეტი

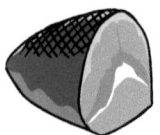

el jamón

ლორი

el salame

სალიამი

la salchicha

ძეხვი

el pollo

წიწილა

el asado

შემწვარი ხორცი

el pescado

თევზი

los copos de avena

შვრიის ფაფა

el muesli

მუსლი

los copos de maíz

სიმინდის ფანტელები

la harina

ფქვილი

la medialuna

კრუასანი

el pancito

ბულკი

el pan

პური

la tostada

ტოსტი

las galletitas

ნამცხვრები

la manteca

კარაქი

la cuajada

ხაჭო

la torta

ტორტი

el huevo

კვერცხი

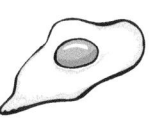

el huevo frito

ერბო-კვერცხი

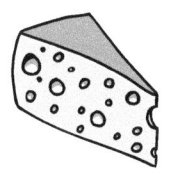

el queso

ყველი

el helado

ნაყინი

el azúcar

შაქარი

la miel

თაფლი

la mermelada

ჯემი

la pasta de chocolate

შოკოლადის კრემი

el curry

კარი

la granja
ფერმა

სოფლის სახლი
el granero
თავლა
el fardo de paja
ჩალის შეკვრა
el campo
ყანა
el caballo
ცხენი
el remolque
მისაბმელი
el tractor
ტრაქტორი
el potrillo
კვიცი
el burro
ვირი
la oveja
ცხვარი
el cordero
ცხვარი

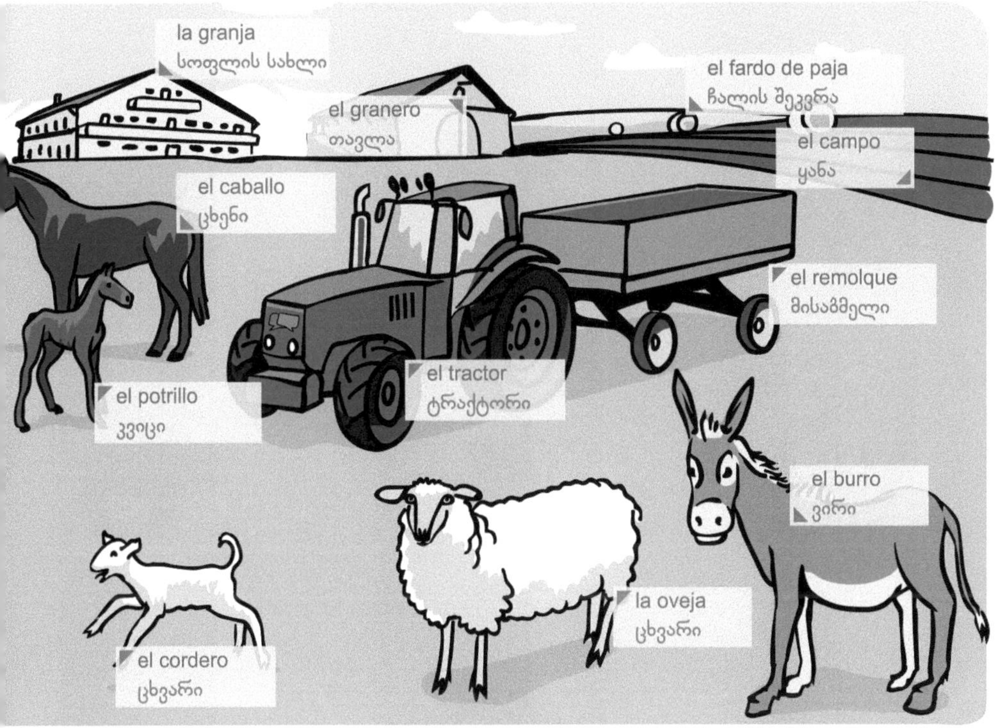

la cabra

თხა

la vaca

ძროხა

el ternero

ხბო

el cerdo

ღორი

el lechón

გოჭი

el toro

ხარი

el ganso

ბატი

el pato

იხვი

el pollo

წიწილა

la gallina

ქათამი

el gallo

მამალი

la rata

ვირთხა

el gato

კატა

el ratón

თაგვი

el buey

ხარი

el perro

ძაღლი

la cucha

საძაღლე

la manguera

ბაღის შლანგი

la regadera

საბაღე წურწურა

la guadaña

ცელი

el arado

გუთანი

la hoz

ნამგალი

la azada

თოხი

la horquilla

პატივის სახვეტი ჩანგალი

el hacha

ცული

la carretilla

მაზიდი

el abrevadero

გობი

la lechera

რძის ბიდონი

la bolsa

ტომარა

la reja

ღობე

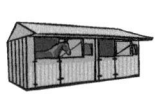

el establo

ბოსელი

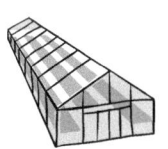

el invernadero

სათბური

el suelo

ნიადაგი

la semilla

თესლი

el fertilizador

სასუქი

la cosechadora

მოსავლის ამღები კომბაინი

cosechar

მოსავლის აღება

la cosecha

მოსავალი

las batatas

იამი

el trigo

ხორბალი

la soja

სოიო

la papa

კარტოფილი

el maíz

სიმინდი

la semilla de colza

სარეველას თესლი

el árbol frutal

ხეხილი

la mandioca

მანიოკი

los cereales

მარცვლეული

la casa
სახლი

la chimenea
ბუხარი
el techo
სახურავი
el caño de desagüe
წყალსადინარი მილი
la ventana
ფანჯარა
el garaje
ავტოფარეხი
el timbre
კარის ზარი
la puerta
კარი
el tacho de basura
ნაგვის ყუთი
el buzón
საფოსტო ყუთი
el jardín
ბაღი

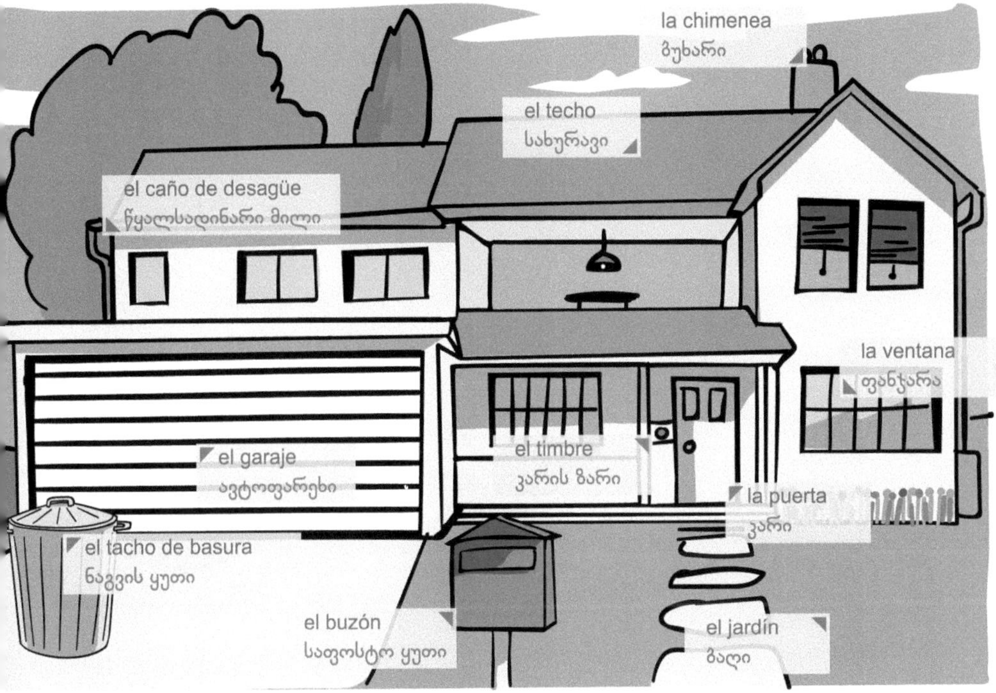

el living

მისაღები ოთახი

el baño

აბაზანა

la cocina

სამზარეულო

el dormitorio

საძინებელი

el cuarto de los chicos

საბავშვო ოთახი

el comedor

სასადილო ოთახი

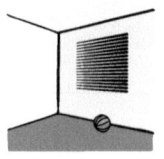

el piso

სართული

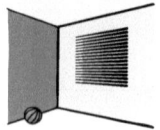

la pared

კედელი

el cielorraso

ჭერი

el sótano

სარდაფი

el sauna

საუნა

el balcón

აივანი

la terraza

ტერასა

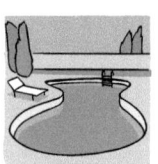

la pileta

აუზი

la cortadora de pasto

გაზონის საკრეჭი

la sábana

საბნის კონვერტი

el acolchado

საწოლი

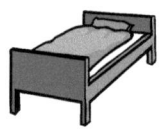

la cama

ლოგინი

la escoba

ცოცხი

el balde

სათლი

el interruptor

გადამრთველი

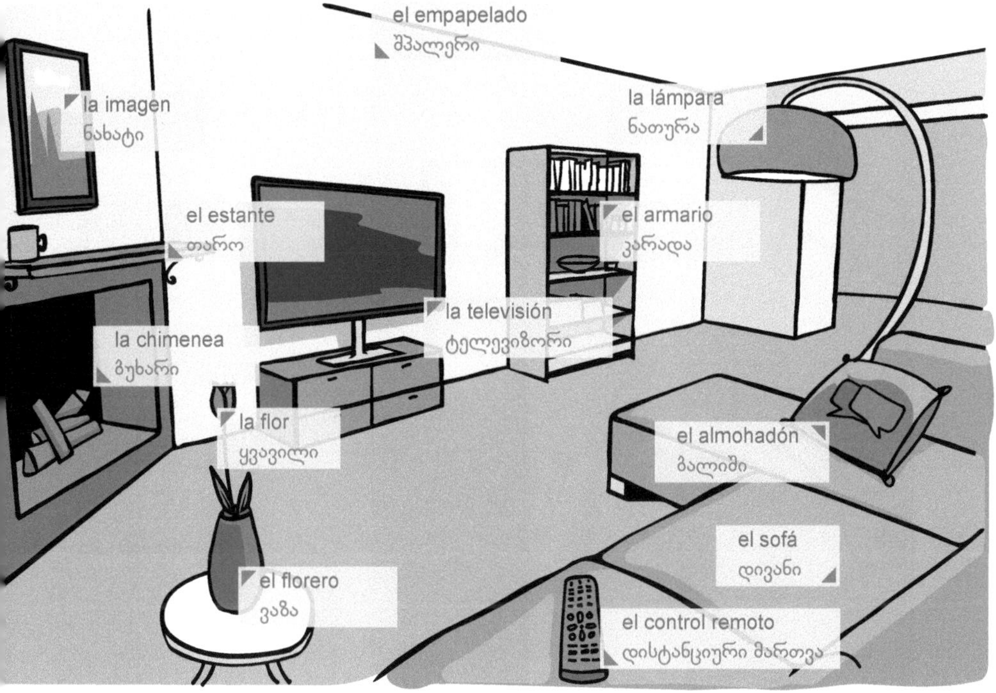

el empapelado
შპალერი
la imagen
ნახატი
la lámpara
ნათურა
el estante
თარო
el armario
კარადა
la televisión
ტელევიზორი
la chimenea
ბუხარი
la flor
ყვავილი
el almohadón
ბალიში
el sofá
დივანი
el florero
ვაზა
el control remoto
დისტანციური მართვა

la alfombra
ხალიჩა

la cortina
ფარდა

la mesa
მაგიდა

la silla
სკამი

la mecedora
სარწეველა სკამი

el sillón
სავარძელი

el libro

წიგნი

la frazada

საბანი

la decoración

დეკორაცია

la leña

შეშა

la película

ფილმი

el equipo de música

hi-fi მოწყობილობები

la llave

გასაღები

el diario

გაზეთი

la pintura

ფერწერა

el póster

პლაკატი

la radio

რადიო

el cuaderno

ბლოკნოტი

la aspiradora

მტვერსასრუტი

el cactus

კაქტუსი

la vela

სანთელი

la cocina
სამზარეულო

la heladera
მაცივარი
el microondas
მიკრო-ტალღური ღუმელი
la balanza de cocina
სამზარეულოს სასწორი
la tostadora
ტოსტერი
el detergente
სარეცხი საშუალება
el horno
ღუმელი
el freezer
საყინულე
el tacho de basura
ნაგვის ყუთი
el lavaplatos
ჭურჭლის სარეცხი მანქანა

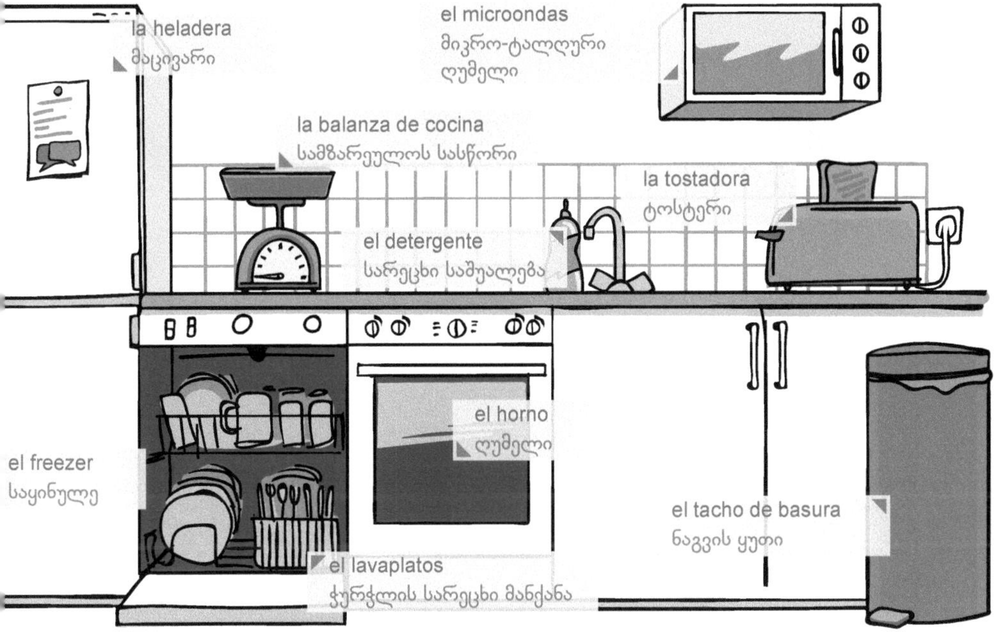

la cocina
....
გაზქურა

la olla
....
ქოთანი

la olla de hierro fundido
....
თუჯის ქვაბი

el wok
....
ტაფა ამობერილი ფსკერით

la sartén
....
ტაფა

la pava
....
ჩაიდანი

la vaporera

ორთქლსახარში

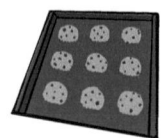

la bandeja de horno

საცხობი ლანგარი

la vajilla

ჭურჭელი

la taza

კათხა

el bol

თასი

los palitos

ჩინური ჩხირები

el cucharón

ჩამჩა

la espátula

ფითხი

la batidora

სათქვეფელა

el colador

საწური

el colador

საცერი

el rallador

სახეხი

el mortero

სანაყი

la parrilla

გრილი

la fogata

კოცონი

la tabla de picar

დაფა

el palo de amasar

საგორავი

el sacacorchos

ბურღი

la lata

ქილა

el abrelatas

ქილის გასახსნელი

la manopla

ქოთნის დამჭერი

la pileta

ნიჟარა

el cepillo

ფუნჯი

la esponja

ღრუბელი

la batidora

ბლენდერი

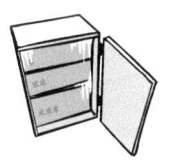

el congelador

საყინულე კამერა

la mamadera

საბავშვო ბოთლი

la canilla

ონკანი

el baño
აბაზანა

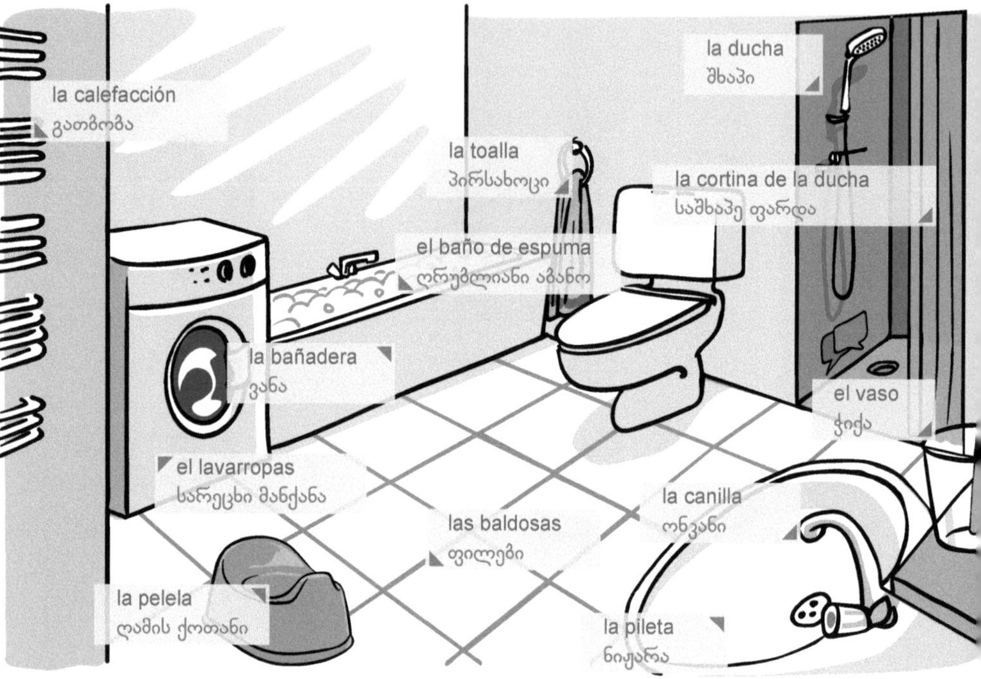

la calefacción
გათბობა

la ducha
შხაპი

la toalla
პირსახოცი

la cortina de la ducha
საშხაპე ფარდა

el baño de espuma
ღრუბლიანი აბანო

la bañadera
ვანა

el vaso
ჭიქა

el lavarropas
სარეცხი მანქანა

la canilla
ონკანი

las baldosas
ფილები

la pelela
ღამის ქოთანი

la pileta
ნიჟარა

el inodoro

ტუალეტი

la letrina

იატაკის ტუალეტი

el bidé

ბიდე

el mingitorio

კედლის პისუარი

el papel higiénico

ტუალეტის ქაღალდი

el cepillo para el inodoro

ტუალეტის ჯაგრისი

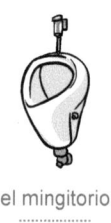

el cepillo de dientes

კბილის ჯაგრისი

el dentífrico

კბილის პასტა

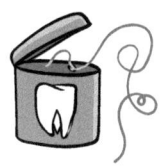

el hilo dental

კბილის ძაფი

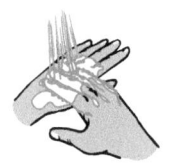

lavar

რეცხვა

la ducha de mano

ხელის შხაპი

la ducha higiénica

ინტიმური შხაპი

la palangana

ტაშტი

el cepillo para la espalda

ზურგის სახეხი ფუნჯი

el jabón

საპონი

el gel de ducha

შხაპის გელი

el shampoo

შამპუნი

la toallita

ნეჭა

el desagüe

სანიაღვრე

la crema

კრემი

el desodorante

დეოდორანტი

el espejo

სარკე

el espejito

ხელის სარკე

la maquinita de afeitar

ბრიტვა

la espuma de afeitar

საპარსი ქაფი

el aftershave

საშუალება გაპარსვის შემდეგ

el peine

სავარცხელი

el cepillo

ჯაგრისი

el secador de pelo

თმის საშრობი

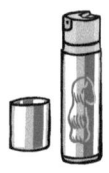

el spray

თმის ლაქი

el maquillaje

კოსმეტიკა

el lápiz de labios

ტუჩების პომადა

el esmalte para uñas

ფრჩხილის ლაქი

el algodón

ბამბა

la tijera para uñas

ფრჩხილის მაკრატელი

el perfume

სუნამო

el portacosméticos

კოსმეტიკის ჩანთა

la banqueta

ტაბურეტი

la balanza

სასწორი

la bata

სააბაზანო ხალათი

los guantes de goma

რეზინის ხელთათმანები

el tampón

ტამპონი

la toallita femenina

ნიტარული პირსახოცი

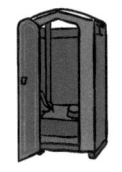

el baño químico

ბიო-ტუალეტი

el cuarto de los chicos
საბავშვო ოთახი

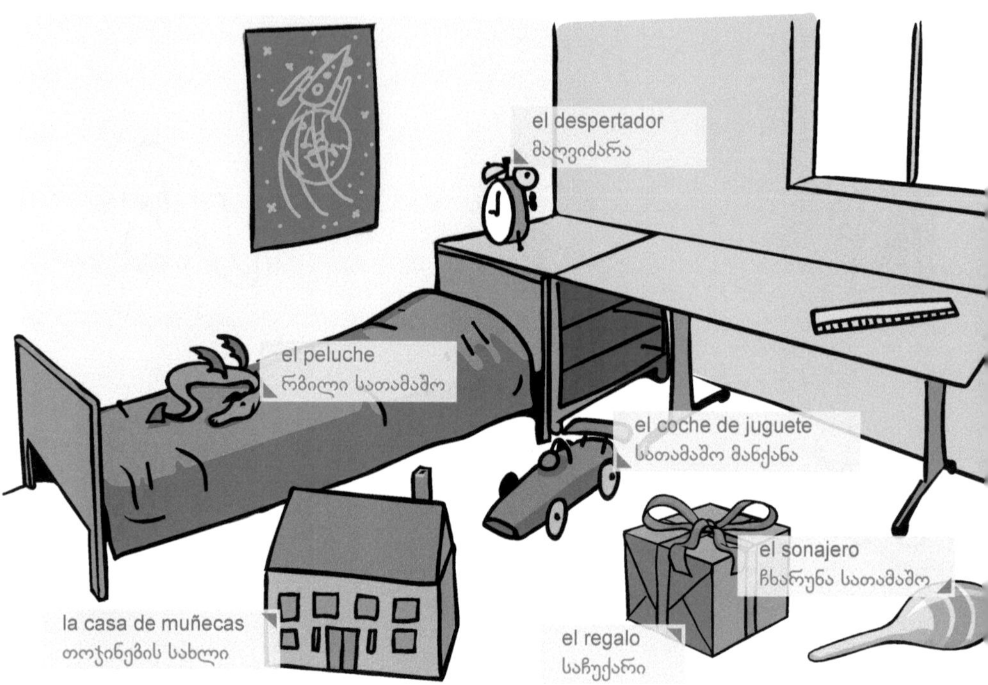

el despertador
მაღვიძარა
el peluche
რბილი სათამაშო
el coche de juguete
სათამაშო მანქანა
el sonajero
ჩხარუნა სათამაშო
la casa de muñecas
თოჯინების სახლი
el regalo
საჩუქარი

el globo
ბუშტი

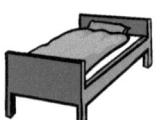

la cama
ლოგინი

el cochecito
საბავშვო ეტლი

las cartas
კარტის თამაში

el rompecabezas
პაზლი

la historieta
კომიკსი

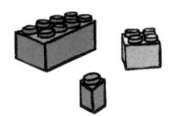

las piezas de lego

ლეგოს აგურები

los ladrillos de juguete

ასაშენებელი კუბიკები

la figura de acción

სათამაშო ფიგურა

el enterito (de bebé)

საცოცავი

el frisbee

ფრისბი

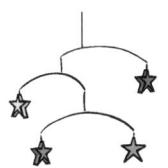

el móvil para bebés

მობილე

el juego de mesa

სამაგიდო თამაში

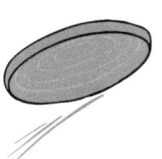

los dados

კამათელი

el tren eléctrico

რკინიგზის მოდელი

el chupete

საწოვარა

la fiesta

წვეულება

el libro de cuentos ilustrado

წიგნი ნახატებით

la pelota

ბურთი

la muñeca

თოჯინა

jugar

თამაში

el arenero

საქვიშარი

la hamaca

საქანელა

los juguetes

სათამაშოები

la consola de videojuegos

ვიდეო თამაშის კონსოლი

el triciclo

სამთვლიანი ველოსიპედი

el osito de peluche

დათუნია

el armario

გარდერობი

la ropa

ტანსაცმელი

las medias

წინდები

las medias panty

ჩულქები

las calzas

კოლგოტები

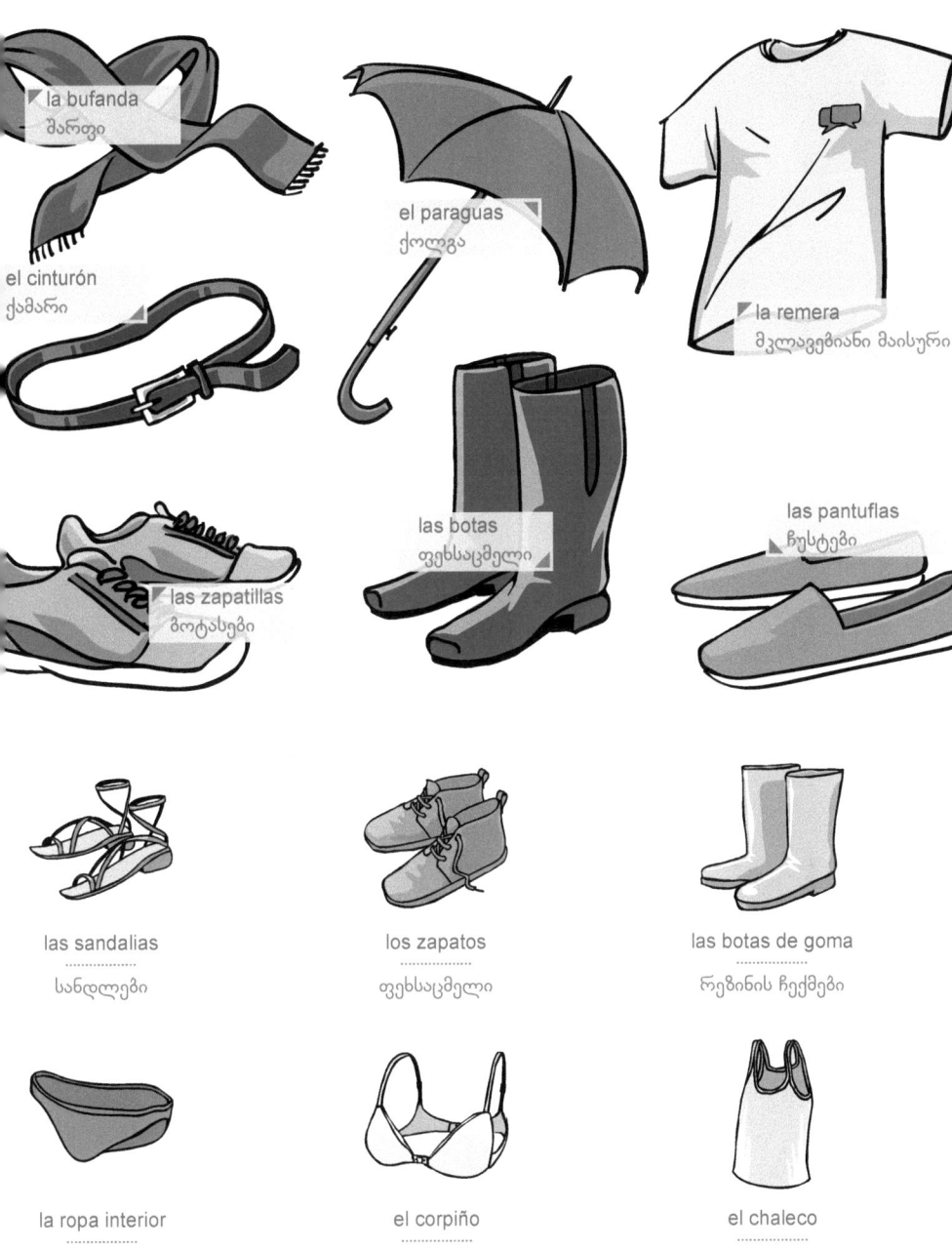

la bufanda
შარფი
el paraguas
ქოლგა
la remera
მკლავებიანი მაისური
el cinturón
ქამარი
las botas
ფეხსაცმელი
las pantuflas
ჩუსტები
las zapatillas
ბოტასები

las sandalias
....
სანდლები

los zapatos
....
ფეხსაცმელი

las botas de goma
....
რეზინის ჩექმები

la ropa interior
....
ტრუსები

el corpiño
....
ბიუსჰალტერი

el chaleco
....
მაისური

la ropa - ტანსაცმელი 45

el body

სხეული

los pantalones

შარვალი

los jeans

ჯინსი

la pollera

ქვედაკაბა

la blusa

ბლუზი

la camisa

პერანგი

el pulóver

სვიტრი

el buzo

კაპიუშონიანი ჟაკეტი

el blazer

სპორტული ქურთუკი

la campera

ჟაკეტი

el tapado

პალტო

el piloto

საწვიმარი

el traje

კოსტუმი

el vestido

კაბა

el vestido de novia

საქორწილო კაბა

el traje

კაცის კოსტიუმი

el camisón

ღამის პერანგი

el pijama

პიჟამოები

el sari

სარი

el pañuelo para la cabeza

თავშალი

el turbante

ტურბანი

la burka

ჩადრი

el caftán

ხიფთანი

la abaya

აბაია

el traje de baño

საცურაო კოსტუმი

el short de baño

ჩემოდნები

los shorts

შორტები

el jogging

სპორტული კოსტიუმი

el delantal

წინსაფარი

los guantes

ხელთათმანები

el botón

ღილი

los anteojos

სათვალეები

la pulsera

სამაჯური

el collar

ყელსაბამი

el anillo

ბეჭედი

el aro

საყურე

la gorra

კეპი

la percha

საკიდი

el sombrero

ქუდი

la corbata

ჰალსტუხი

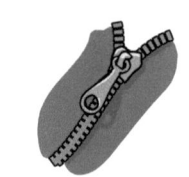

el cierre

ელვა-შესაკრავის შეკვრა

el casco

ჩაფხუტი

los tiradores

აჭიმი

el uniforme escolar

სკოლის ფორმა

el uniforme

ფორმა

el babero

ბავშვის წინსაფარი

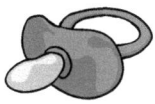

el chupete

საწოვარა

el pañal

პამპერსი

la oficina

ოფისი

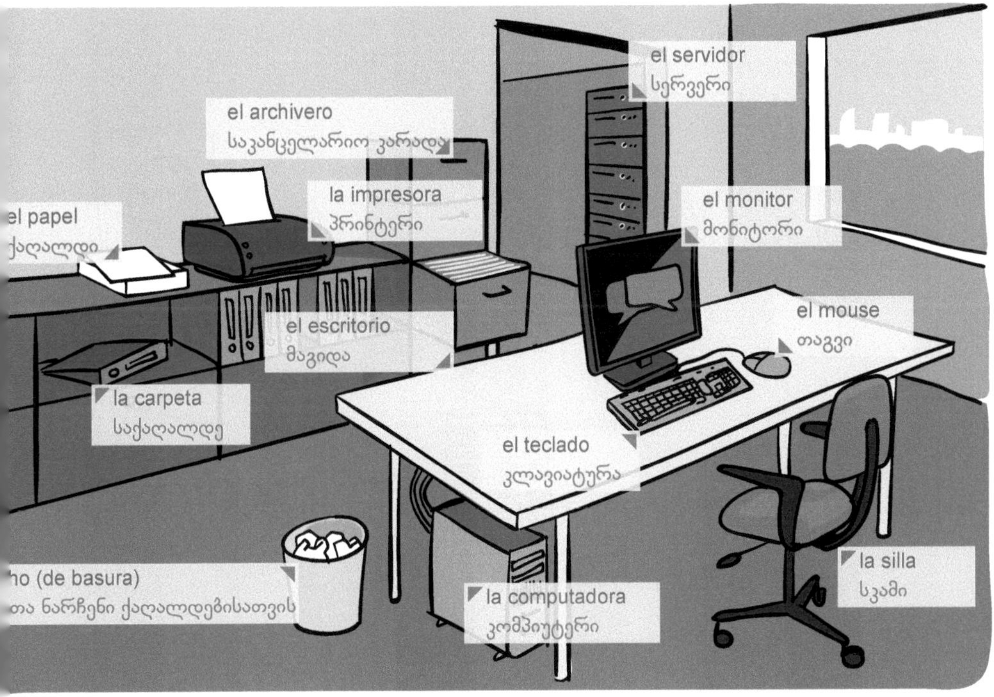

el servidor

სერვერი

el archivero

საკანცელარიო კარადა

la impresora

პრინტერი

el papel

ქაღალდი

el monitor

მონიტორი

el escritorio

მაგიდა

el mouse

თაგვი

la carpeta

საქაღალდე

el teclado

კლავიატურა

ho (de basura)

თა ნარჩენი ქაღალდებისათვის

la computadora

კომპიუტერი

la silla

სკამი

la taza de café

ყავის ფინჯანი

la calculadora

კალკულატორი

el internet

ინტერნეტი

la laptop

ლეპტოპი

la carta

წერილი

el mensaje

მესიჯი

el celular

მობილური ტელეფონი

la red

ქსელი

la fotocopiadora

სკანერი

el software

პროგრამული
უზრუნველყოფა

el teléfono

ტელეფონი

el tomacorriente

როზეტი

el fax

ფაქსის მანქანა

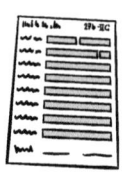

el formulario

ფორმულარი

el documento

დოკუმენტი

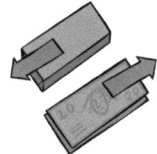

comprar

ყიდვა

pagar

გადახდა

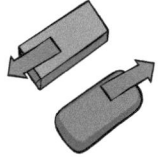

hacer negocios

ვაჭრობა

el dinero

ფული

el dólar

დოლარი

el euro

ევრო

el yen

იენი

el rublo

რუბლი

el franco suizo

შვეიცარული ფრანკი

el yuan

ჟენმინბი იუანი

la rupia

რუპი

el cajero automático

ბანკომატი

la casa de cambio

ვალუტის გადაცვლის პუნქტი

el oro

ოქრო

la plata

ვერცხლი

el petróleo

ნავთობი

la energía

ენერგია

el precio

ფასი

el contrato

ხელშეკრულება

el impuesto

გადასახადი

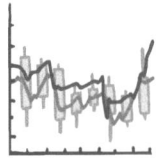

la acción

აქცია

trabajar

მუშაობა

el empleado

თანამშრომელი

el empleador

დამსაქმებელი

la fábrica

ქარხანა

el negocio

მაღაზია

las ocupaciones

პროფესიები

el policía
პოლიციის ოფიცერი
el bombero
მეხანძრე
el cocinero
მზარეული
el médico
ექიმი
el piloto
მფრინავი

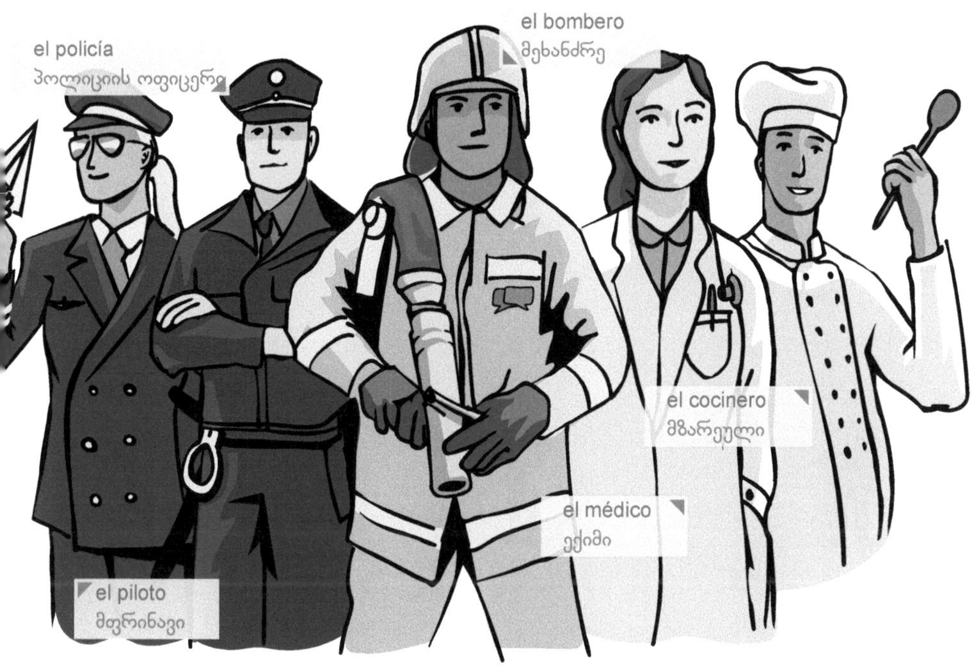

el jardinero

მებაღე

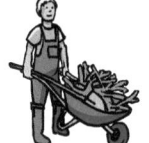

el carpintero

დურგალი

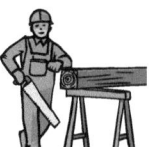

la modista

თეთრეულის მკერავი ქალბატონი

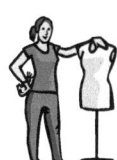

el juez

მოსამართლე

el farmacéutico

ქიმიკოსი

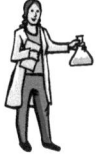

el actor

მსახიობი

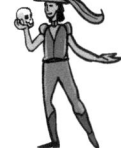

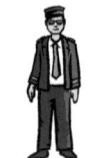

el colectivero

ავტობუსის მძღოლი

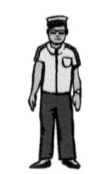

el taxista

ტაქსის მძღოლი

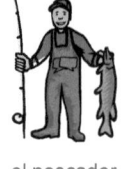

el pescador

მეთევზე

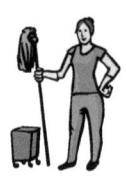

la mucama

დამლაგებელი ქალბატონი

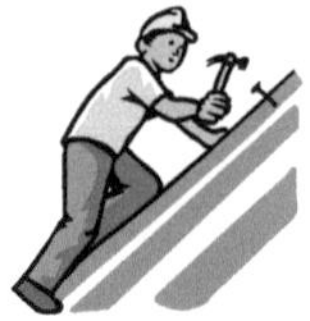

el techista

სახურავის ოსტატი

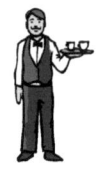

el mozo

მიმტანი

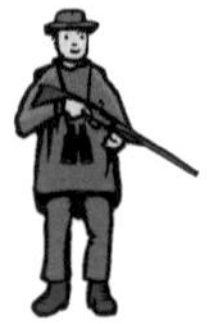

el cazador

მონადირე

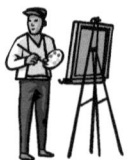

el pintor

ფერმწერი

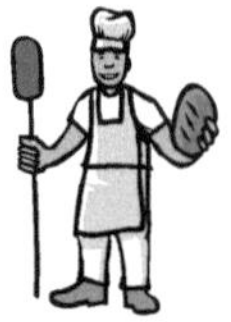

el panadero

მცხობელი

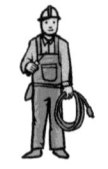

el electricista

ელექტრიკოსი

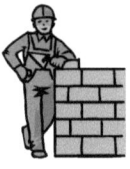

el albañil

მშენებელი

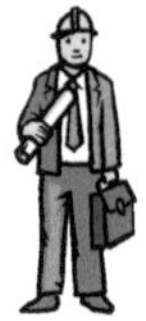

el ingeniero

ინჟინერი

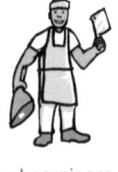

el carnicero

ყასაბი

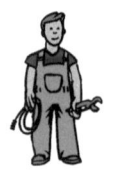

el plomero

სანტექნიკოსი

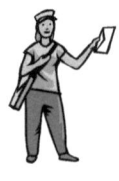

el cartero

ფოსტალიონი

el soldado

ჯარისკაცი

el arquitecto

არქიტექტორი

el cajero

მოლარე

el florista

ფლორისტი

el peluquero

პარიკმახერი

el cobrador

კონდუქტორი

el mecánico

მექანიკოსი

el capitán

კაპიტანი

el dentista

სტომატოლოგი

el científico

მეცნიერი

el rabino

რაბინი

el imán

იმამი

el monje

ბერი

el sacerdote

სასულიერო პირი

las herramientas
იარაღები

el martillo
ჩაქუჩი
la tenaza
მრტყელტუჩა
el destornillador
სახრახნისი
la llave
ქანჩის გასაღები
la linterna
ჯიბის სანათი

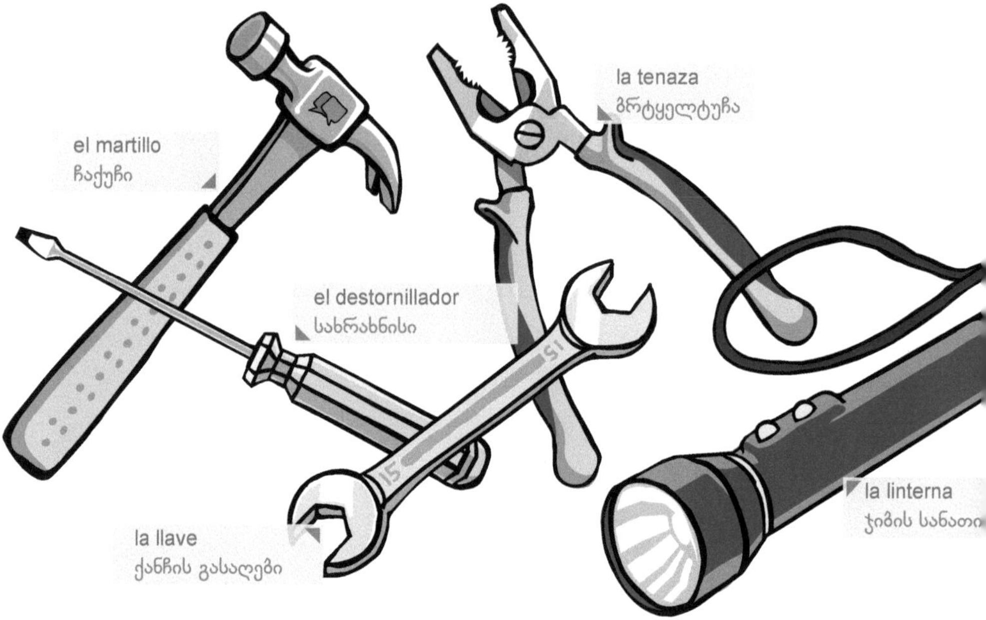

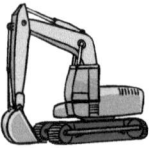

la excavadora

ექსკავატორი

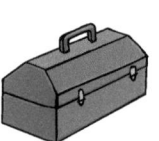

la caja de herramientas

იარაღების ყუთი

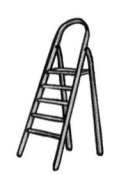

la escalera portátil

კიბე

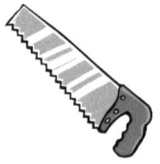

la sierra

ხერხი

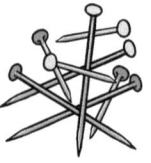

los clavos

ლურსმები

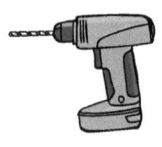

el taladro

საბურღი

arreglar

შეკეთება

la pala de jardín

ნიჩაბი

¡Qué bronca!

ანდაზა!

la pala de plástico

აქანდაზი

el tacho de pintura

საღებავის ქოთანი

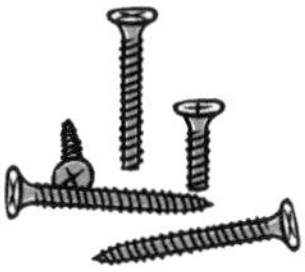

los tornillos

ხრახნები

los instrumentos musicales
მუსიკალური ინსტრუმენტები

la batería
დასარტყამი ინსტრუმენტების კრებული

el parlante
რეპროდუქტორი

la guitarra
გიტარა

el contrabajo
კონტრაბასი

la trompeta
საყვირი

el piano

ფორტეპიანო

el violín

ვიოლინო

el bajo

ბასი

los timbales

ტიმპანონი

el tambor

დასარტყამები

el teclado

კლავიშები

el saxofón

საქსოფონი

la flauta

ფლეიტა

el micrófono

მიკროფონი

el zoológico
ზოოპარკი

la entrada
შესასვლელი
el tigre
ვეფხვი
la jaula
გალია
la cebra
ზებრა
el alimento para animales
ცხოველთა საკვები
el oso panda
პანდა

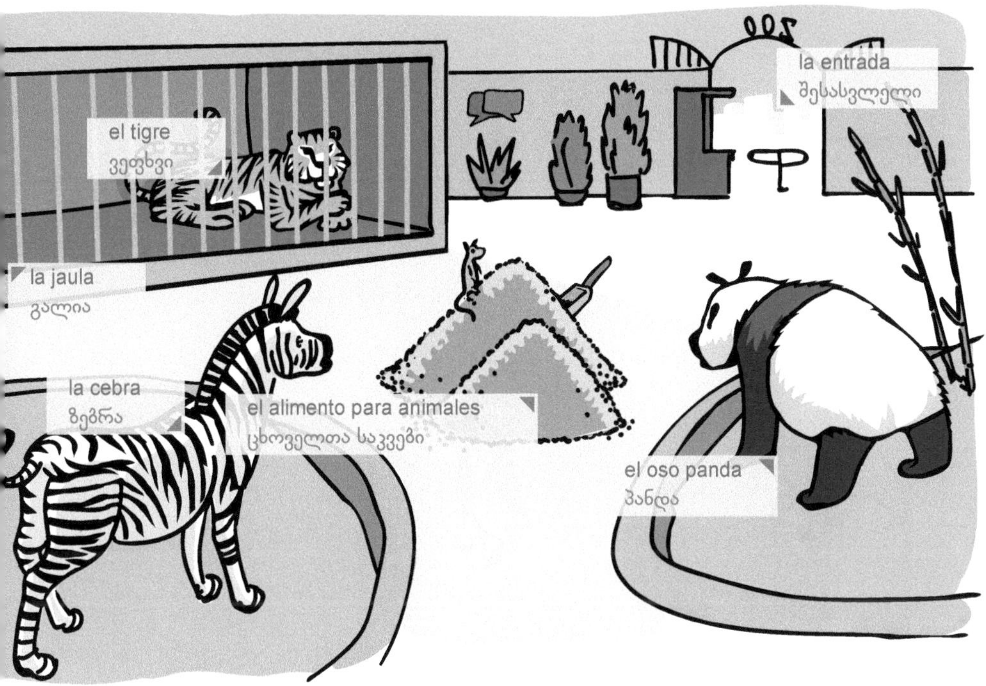

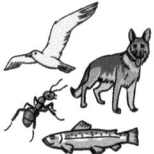

los animales
ცხოველები

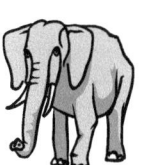

el elefante
სპილო

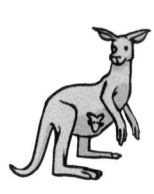

el canguro
კენგურუ

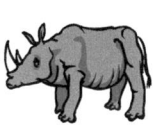

el rinoceronte
მარტორქა

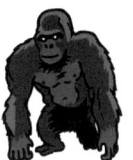

el gorila
გორილა

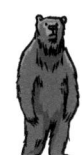

el oso
დათვი

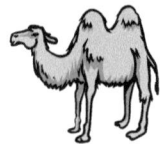

el camello

აქლემი

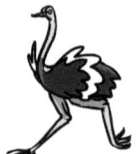

el avestruz

სირაქლემა

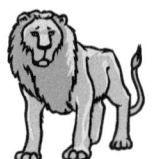

el león

ლომი

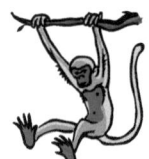

el mono

მაიმუნი

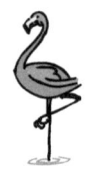

el flamenco

ფლამინგო

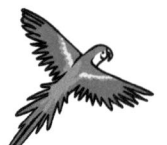

el loro

თუთიყუში

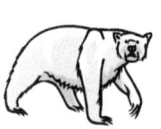

el oso polar

პოლარული დათვი

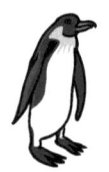

el pingüino

პინგვინი

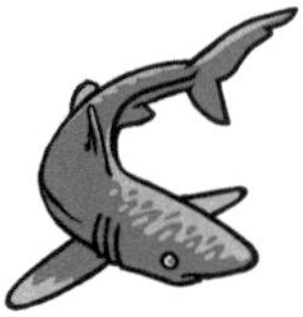

el tiburón

ზვიგენი

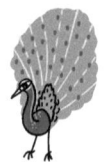

el pavo real

ფარშევანგი

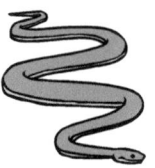

la serpiente

გველი

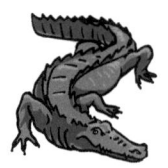

el cocodrilo

ნიანგი

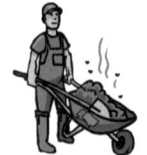

el cuidador del zoológico

ზოოპარკის მფლობელი

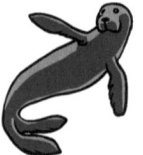

la foca

სელაპი

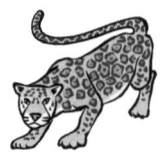

el jaguar

იაგუარი

el poni

პონი

el leopardo

ლეოპარდი

el hipopótamo

ბეჰემოტი

la jirafa

ჟირაფი

el águila

არწივი

el jabalí

ტახი

el pescado

თევზი

la tortuga

კუ

la morsa

მორჟი

el zorro

მელა

la gacela

გაზელი

el zoológico - ზოოპარკი

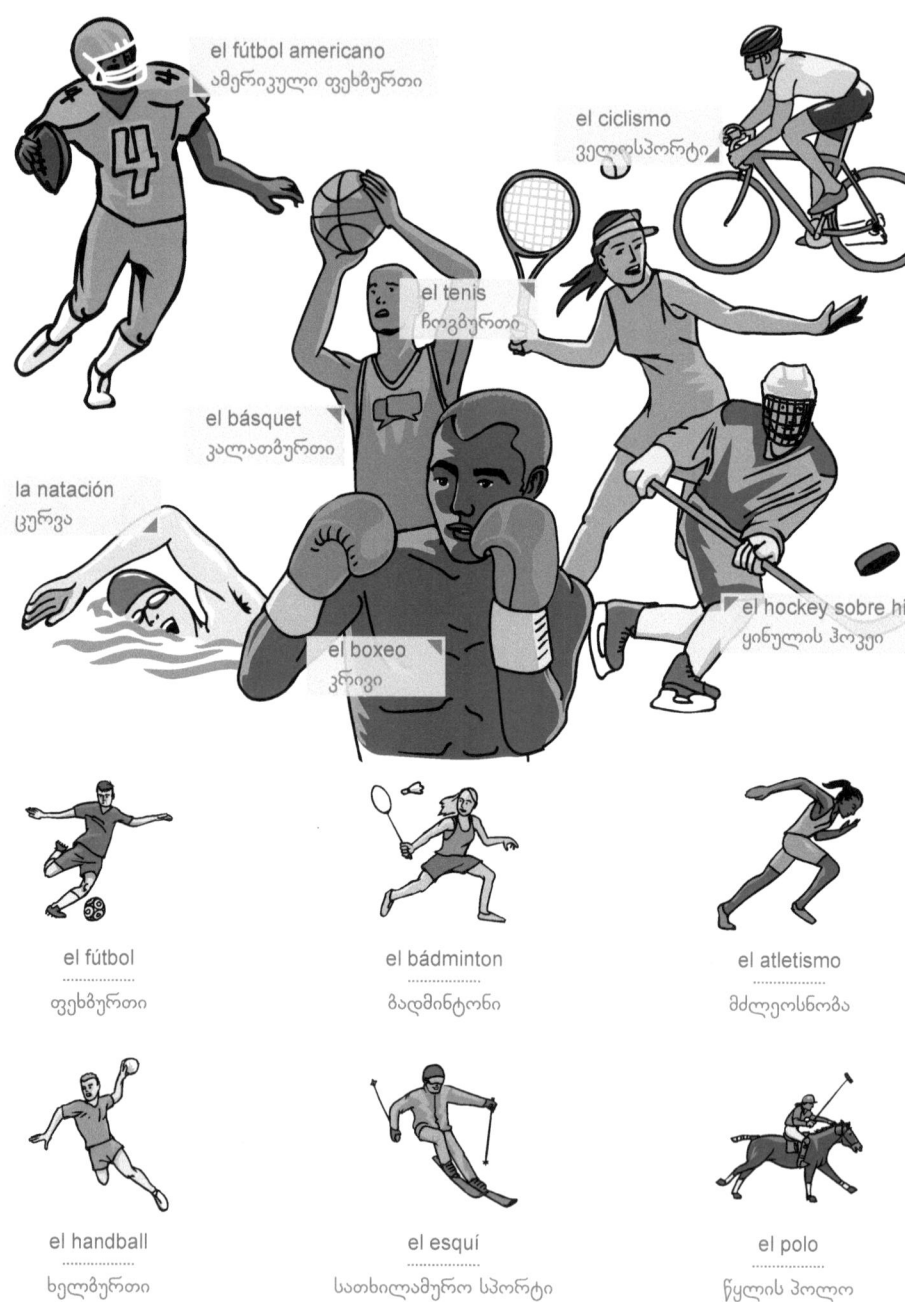

los deportes
სპორტი

el fútbol americano
ამერიკული ფეხბურთი
el ciclismo
ველოსპორტი
el tenis
ჩოგბურთი
el básquet
კალათბურთი
la natación
ცურვა
el boxeo
კრივი
el hockey sobre hielo
ყინულის ჰოკეი

el fútbol

ფეხბურთი

el bádminton

ბადმინტონი

el atletismo

მძლეოსნობა

el handball

ხელბურთი

el esquí

სათხილამურო სპორტი

el polo

წყლის პოლო

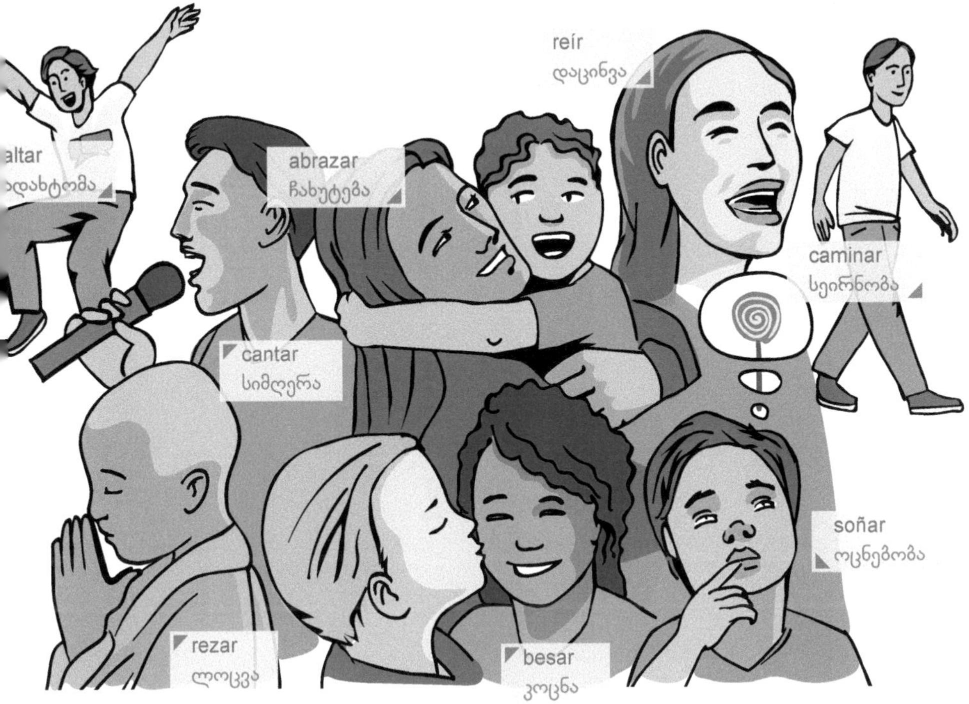

reír
დაცინვა
altar
დახტომა
abrazar
ჩახუტება
caminar
სეირნობა
cantar
სიმღერა
soñar
ოცნებობა
rezar
ლოცვა
besar
კოცნა

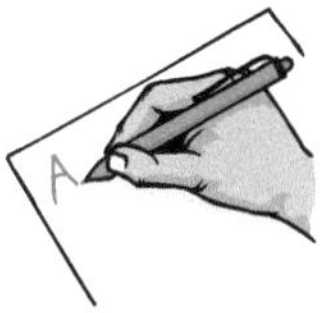

escribir
წერა

dibujar
დახატვა

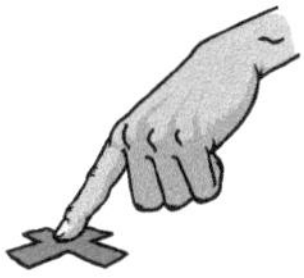

mostrar
ჩვენება

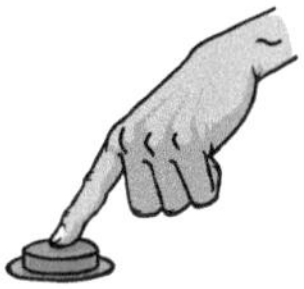

presionar
დაჭერა

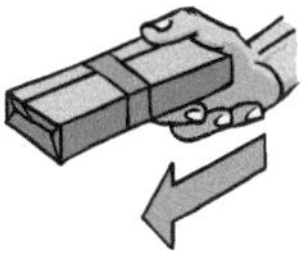

dar
მიცემა

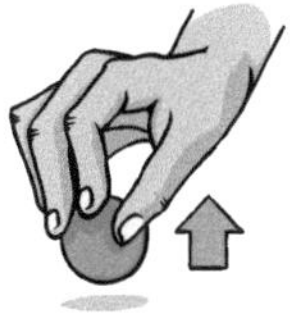

tomar
აღება

tener

ქონა

hacer

კეთება

ser

ყოფნა

estar parado

დგომა

correr

გარბენა

tirar

მოქაჩვა

tirar

გადაყრა

caer

დაცემა

estar acostado

ტყუილის თქმა

esperar

მოცდენა

llevar

ტარება

estar sentado

ჯდომა

vestirse

ჩაცმა

dormir

ძილი

despertar

გაღვიძება

mirar

დათვალიერება

llorar

ტირილი

acariciar

გაუთოება

peinar

დავარცხნა

hablar

ლაპარაკი

entender

გაგება

preguntar

შეკითხვა

escuchar

მოსმენა

beber

დალევა

comer

ჭამა

ordenar

დალაგება

amar

ყვარება

cocinar

კერძების მზადება

manejar

სვლა

volar

ფრენა

navegar

აფრის ქვეშ სიარული

calcular

გამოთვლა

leer

წაკითხვა

aprender

შესწავლა

trabajar

მუშაობა

casarse

ქორწინება

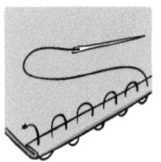

coser

კერვა

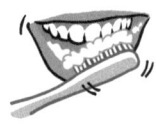

cepillarse los dientes

კბილების ხეხვა

matar

მოკვლა

fumar

მოწევა

enviar

გაგზავნა

la familia
ოჯახი

la abuela
ბებია
el abuelo
ბაბუა
el padre
მამა
la madre
დედა
el bebé
ბავშვი
la hija
ქალიშვილი
el hijo
ვაჟიშვილი

el invitado
სტუმარი

la tía
დეიდა

el tío
ბიძა

el hermano
ძმა

la hermana
და

el cuerpo
სხეული

la frente
შუბლი
თვალი
el hombro
მხარი
el dedo
თითი
la cara
სახე
la pera
ნიკაპი
la mano
ხელი
la pierna
ფეხი
el pecho
მკერდი
el brazo
მკლავი

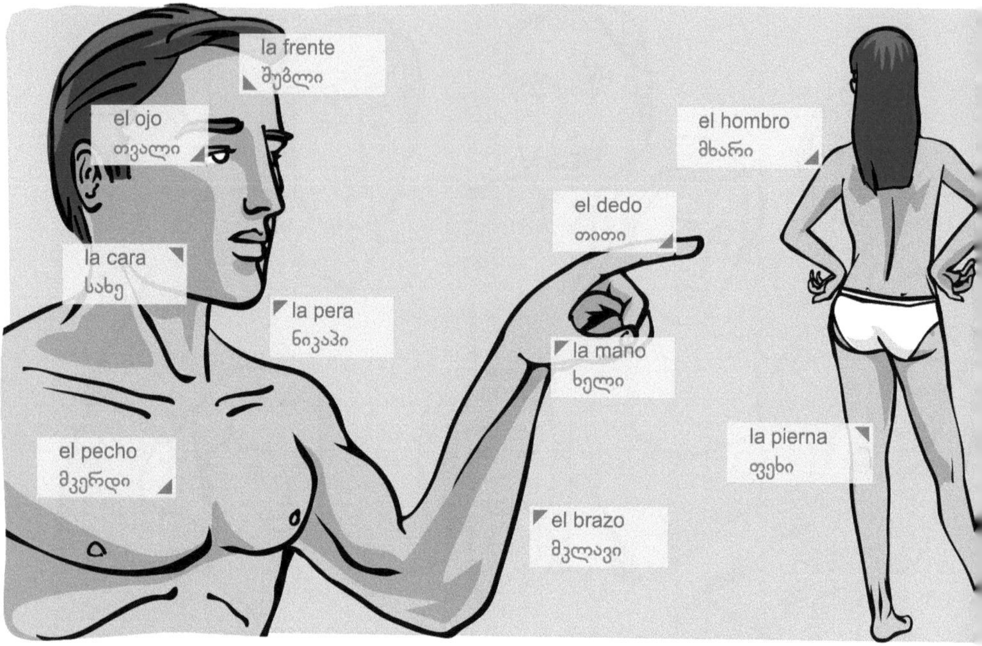

el bebé
....
ბავშვი

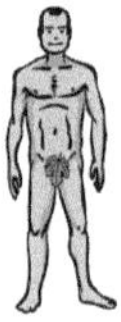

el hombre
....
კაცი

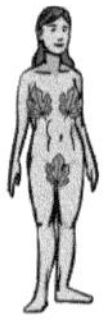

la mujer
....
ქალი

la nena
....
გოგო

el nene
....
ბიჭი

la cabeza
....
თავი

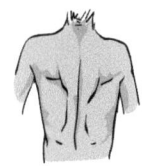

la espalda

ზურგი

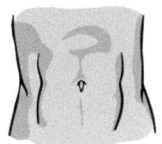

la panza

მუცელი

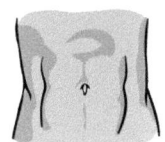

el ombligo

ჭიპი

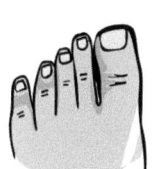

el dedo del pie

ფეხის თითი

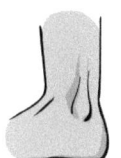

el talón

ქუსლი

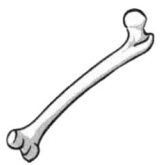

el hueso

ძვალი

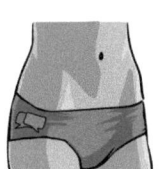

la cadera

ბარძაყი

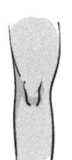

la rodilla

მუხლი

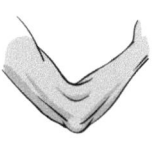

el codo

იდაყვი

la nariz

ცხვირი

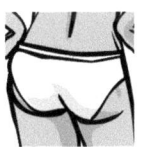

la cola

დუნდულა

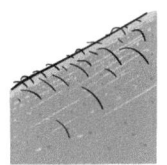

la piel

კანი

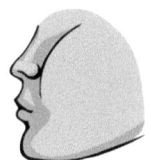

el cachete

ლოყა

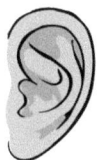

la oreja

ყური

el labio

ტუჩი

la boca

პირი

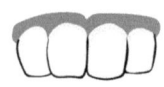

el diente

კბილი

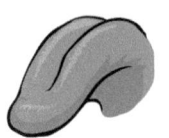

la lengua

ენა

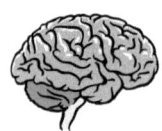

el cerebro

ტვინი

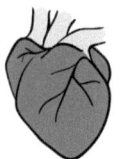

el corazón

გული

el músculo

კუნთი

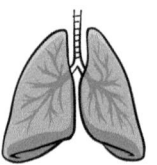

el pulmón

ფილტვი

el hígado

ღვიძლი

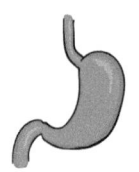

el estómago

კუჭი

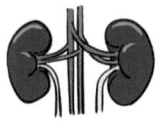

los riñones

თირკმელები

el sexo

სექსი

el preservativo

პრეზერვატივი

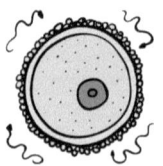

el óvulo

კვერცხუჯრედი

el semen

სპერმა

el embarazo

ორსულობა

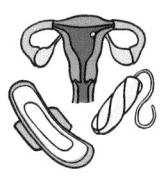

la menstruación

მენსტრუაცია

la vagina

საშო

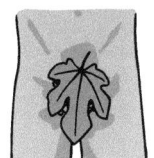

el pene

პენისი

la ceja

წარბი

el pelo

თმა

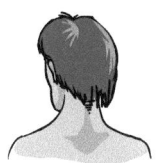

el cuello

კისერი

el hospital
საავადმყოფო

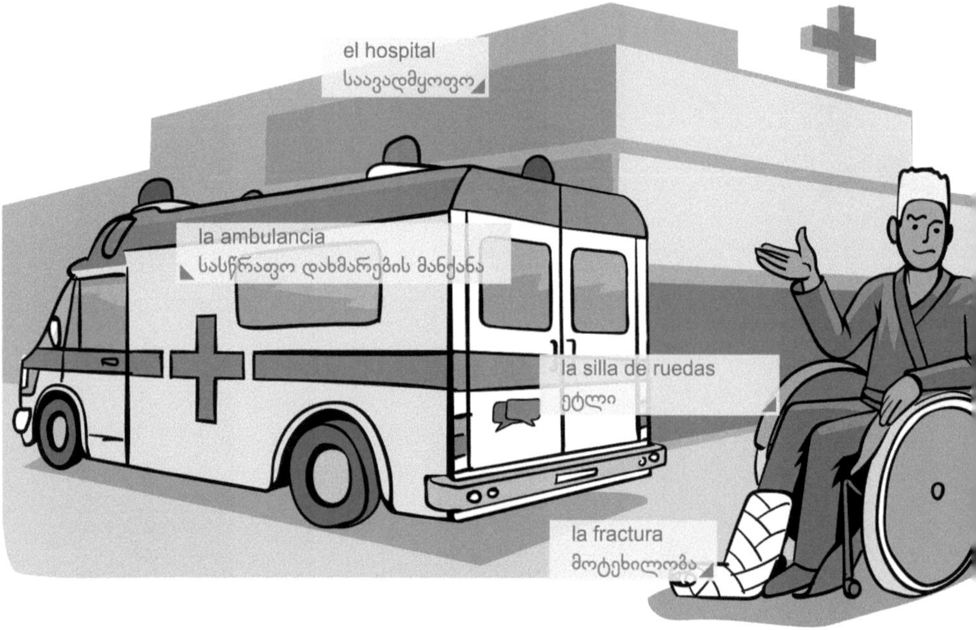

el hospital
საავადმყოფო
la ambulancia
სასწრაფო დახმარების მანქანა
la silla de ruedas
ეტლი
la fractura
მოტეხილობა

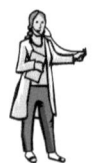

el médico

ექიმი

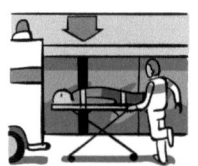

la sala de guardia

პირველი დახმარების ოთახი

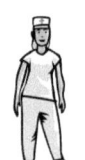

la enfermera

მედდა

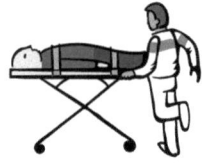

la emergencia

გადაუდებელი შემთხვევა

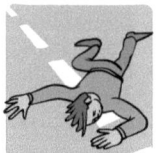

inconsciente

უგონოდ მყოფი

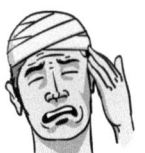

el dolor

ტკივილი

la lesión

დაზიანება

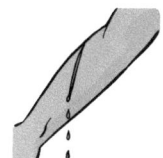

la hemorragia

სისხლდენა

el infarto

გულის შეტევა

el ACV

ინსულტი

la alergia

ალერგია

la tos

ხველა

la fiebre

ცხელება

la gripe

გრიპი

la diarrea

დიარეა

el dolor de cabeza

თავის ტკივილი

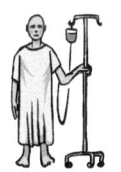

el cáncer

კიბო

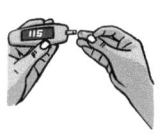

la diabetes

დიაბეტი

el cirujano

ქირურგი

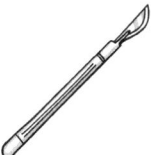

el bisturí

სკალპელი

la operación

ოპერაცია

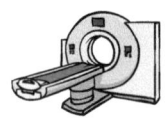

la TC

კტ

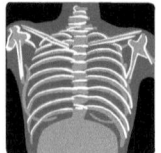

los rayos x

რენტგენი

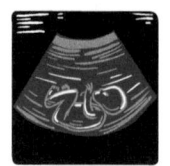

la ecografía

ულტრაბგერა

el barbijo

ნიღაბი

la enfermedad

დაავადება

la sala de espera

მოსაცდელი ოთახი

la muleta

ყავარჯენი

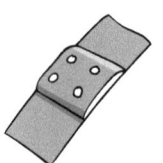

la curita

თაბაშირი

la venda

ბინტი

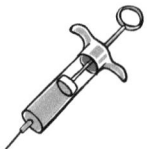

la inyección

ინექცია

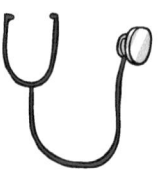

el estetoscopio

სტეტოსკოპი

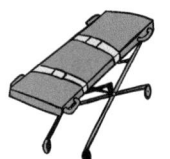

la camilla

საკაცე

el termómetro

თერმომეტრი

el nacimiento

დაბადება

el sobrepeso

ჭარბი წონა

el audífono

სმენის აპარატი

el desinfectante

სადეზინფექციო საშუალება

la infección

ინფექცია

el virus

ვირუსი

el VIH / SIDA

აივ / შიდსი

el remedio

წამალი

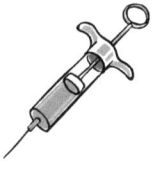

la vacunación

ვაქცინაცია

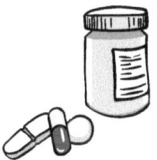

los comprimidos

ტაბლეტები

la pastilla anticonceptiva

აბი

amada de emergencia

აუდებელი გამოძახება

el tensiómetro

წნევის საზომი აპარატი

enfermo / sano

ავადმყოფი / ჯანმრთელი

la emergencia
გადაუდებელი შემთხვევა

¡Ayuda!

დამეხმარეთ!

la alarma

განგაში

la agresión

თავდასხმა

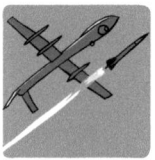

el ataque

შეტევა

el peligro

საფრთხე

la salida de emergencia

სათადარიგო გასასვლელი

¡Fuego!

ხანძარი!

el matafuego

ცეცხლსაქრობი

el accidente

უბედური შემთხვევა

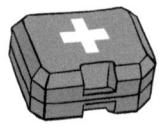

el botiquín de primeros auxilios

პირველადი დახმარების აფთიაქი

el SOS

SOS

la policía

პოლიცია

Europa

ევროპა

América del Norte

ჩრდილოეთ ამერიკა

América del Sur

სამხრეთ ამერიკა

África

აფრიკა

Asia

აზია

Australia

ავსტრალია

el Atlántico

ატლანტიკა

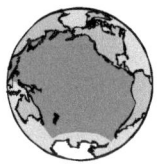

el Pacífico

წყნარი ოკეანე

el Océano Índico

ინდოეთის ოკეანე

el Océano Antártico

ნტარქტიკის ოკეანე

el Océano Ártico

ჩრდილოეთის ყინულოვანი ოკეანე

el polo norte

ჩრდილოეთ პოლუსი

el polo sur

სამხრეთ პოლუსი

la Antártida

ანტარქტიდა

la Tierra

დედამიწა

la tierra

ხმელეთი

el mar

ზღვა

la isla

კუნძული

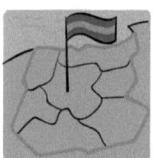

la nación

ერი

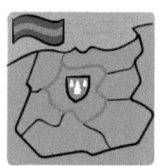

el estado

სახელმწიფო

el reloj
საათი

la esfera

ციფერბლატი

la manecilla de las horas

საათების ისარი

el minutero

წუთების ისარი

el segundero

წამების ისარი

¿Qué hora es?

რომელი საათია?

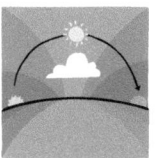

el día

დღე

la hora

დრო

ahora

ახლა

el reloj digital

ციფრული საათი

el minuto

წუთი

la hora

საათი

la semana
კვირა

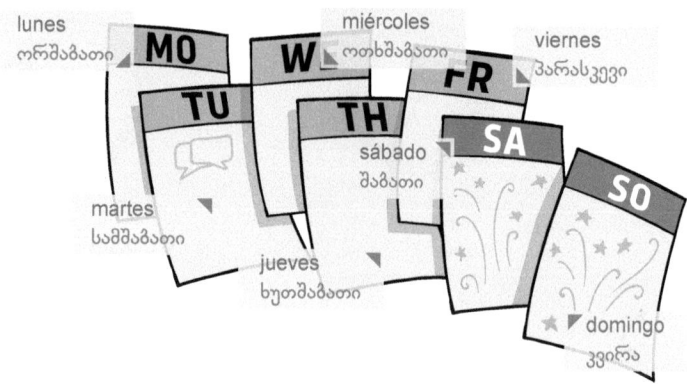

lunes
ორშაბათი

miércoles
ოთხშაბათი

viernes
პარასკევი

martes
სამშაბათი

sábado
შაბათი

jueves
ხუთშაბათი

domingo
კვირა

ayer

გუშინ

hoy

დღეს

mañana

ხვალ

la mañana

დილა

el mediodía

შუადღე

la tarde

საღამო

MO	TU	WE	TH	FR	SA	SU
1	2	3	4	5	6	7
8	9	10	11	12	13	14
15	16	17	18	19	20	21
22	23	24	25	26	27	28
29	30	31	1	2	3	4

los días hábiles

სამუშაო დღეები

MO	TU	WE	TH	FR	SA	SU
1	2	3	4	5	6	7
8	9	10	11	12	13	14
15	16	17	18	19	20	21
22	23	24	25	26	27	28
29	30	31	1	2	3	4

el fin de semana

შაბათი-კვირა

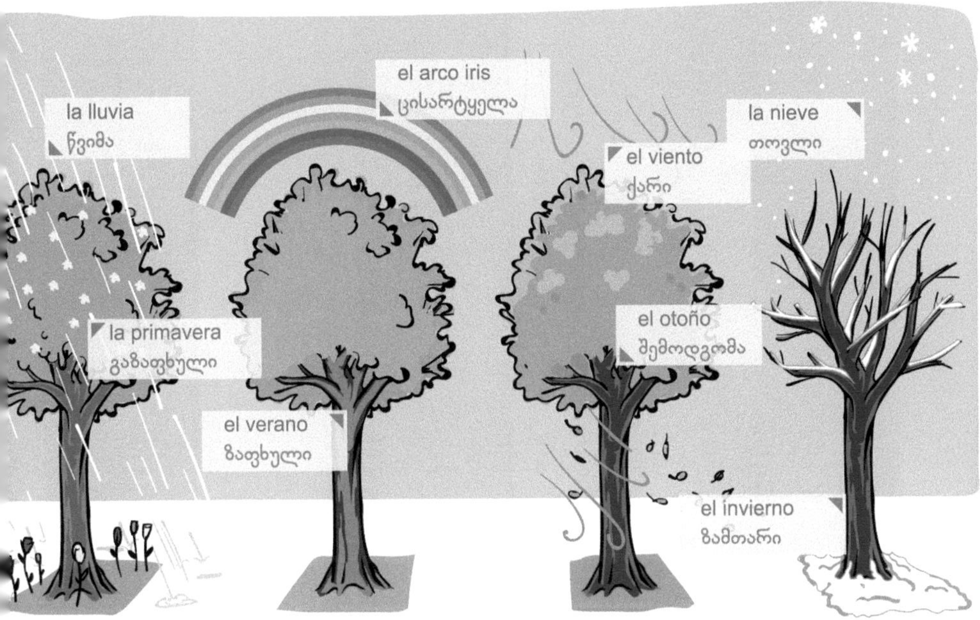

el arco iris
ცისარტყელა
la lluvia
წვიმა
la nieve
თოვლი
el viento
ქარი
la primavera
გაზაფხული
el otoño
შემოდგომა
el verano
ზაფხული
el invierno
ზამთარი

4.APRIL 11°
5.APRIL 4°
6.APRIL 13°
7.APRIL 8°
8.APRIL 10°

onóstico meteorológico

მინდის პროგნოზი

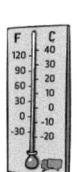

C
0
10
0
-10

el termómetro

თერმომეტრი

la luz del sol

მზის სხივი

la nube

ღრუბელი

la niebla

ნისლი

la humedad

ტენიანობა

el rayo

ელვა

el trueno

ქუხილი

la tormenta

შტორმი

el granizo

სეტყვა

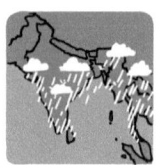

el monzón

მუსონი

la inundación

წყალდიდობა

el hielo

ყინული

enero

იანვარი

febrero

თებერვალი

marzo

მარტი

abril

აპრილი

mayo

მაისი

junio

ივნისი

julio

ივლისი

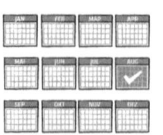

agosto

აგვისტო

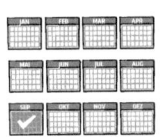

septiembre

სექტემბერი

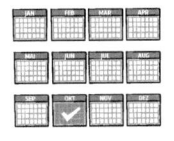

octubre

ოქტომბერი

noviembre

ნოემბერი

diciembre

დეკემბერი

las formas
ფორმები

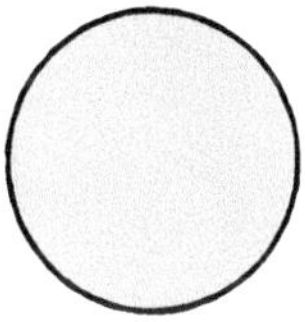

el círculo

წრე

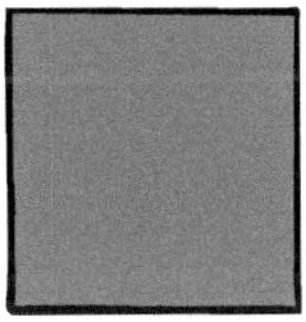

el cuadrado

კვადრატი

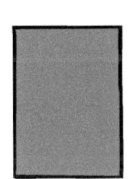

el rectángulo

მართკუთხედი

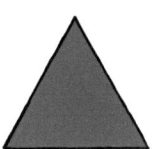

el triángulo

სამკუთხედი

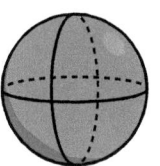

la esfera

სფერო

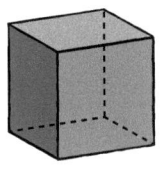

el cubo

კუბი

colores

ფერები

blanco

თეთრი

amarillo

ყვითელი

naranja

ნარინჯისფერი

rosa

ვარდისფერი

rojo

წითელი

violeta

იისფერი

azul

ცისფერი

verde

მწვანე

marrón

ყავისფერი

gris

ნაცრისფერი

negro

შავი

los opuestos

საპირისპიროები

mucho / poco

ბევრი / ცოტა

enojado / tranquilo

გაბრაზებული / მშვიდი

lindo / feo

ლამაზი / მახინჯი

el principio / el fin

აწყისი / დასასრული

grande / chico

დიდი / პატარა

claro / oscuro

ნათელი / მუქი

ermano / la hermana

ძმა / და

limpio / sucio

სუფთა / ჭუჭყიანი

completo / incompleto

სრული / არასრული

el día / la noche

დღე / ღამე

muerto / vivo

მკვდარი / ცოცხალი

ancho / angosto

განიერი / ვიწრო

comestible / no comestible

საჭმელად ვარგისი / საჭმელად უვარგისი

malo / amable

ბოროტი / კეთილი

entusiasmado / aburrido

შთამბეჭდავი / მოსაწყენი

gordo / flaco

სქელი / თხელი

primero / último

პირველი / ბოლო

el amigo / el enemigo

მეგობარი / მტერი

lleno / vacío

სრული / ცარიელი

duro / blando

მყარი / რბილი

pesado / liviano

მძიმე / მსუბუქი

el hambre / la sed

მოშიებული / მწყურვალე

enfermo / sano

ავადმყოფი / ჯანმრთელი

ilegal / legal

არალეგალური / ლეგალური

inteligente / estúpido

ინტელექტუალი / სულელი

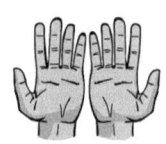

izquierda / derecha

მარცხენა / მარჯვენა

cerca / lejos

ახლოს / შორს

nuevo / usado

ლი / გამოყენებული

nada / algo

არაფერი / რაღაცა

viejo / joven

მოხუცი / ახალგაზრდა

ncendido / apagado

ართვა / გამორთვა

abierto / cerrado

ღია / დახურული

silencioso / ruidoso

ჩუმი / ხმამაღალი

rico / pobre

დიდარი / ღარიბი

correcto / incorrecto

მართალი / მტყუანი

áspero / suave

უხეში / გლუვი

triste / contento

ვდიანი / ბედნიერი

corto / largo

მოკლე / გრძელი

lento / rápido

ნელი / სწრაფი

mojado / seco

სველი / მშრალი

caliente / frío

თბილი / გრილი

guerra / paz

ომი / მშვიდობა

los números
რიცხვები

0	1	2
cero	uno	dos
ნული	ერთი	ორი
3	4	5
tres	cuatro	cinco
სამი	ოთხი	ხუთი
6	7	8
seis	siete	ocho
ექვსი	შვიდი	რვა
9	10	11
nueve	diez	once
ცხრა	ათი	თერთმეტი

12

doce

თორმეტი

13

trece

ცამეტი

14

catorce

თოთხმეტი

15

quince

თხუთმეტი

16

dieciséis

თექვსმეტი

17

diecisiete

ჩვიდმეტი

18

dieciocho

თვრამეტი

19

diecinueve

ცხრამეტი

20

veinte

ოცი

100

cien

ასი

1.000

mil

ათასი

1.000.000

el millón

მილიონი

los idiomas

ენები

el inglés

ინგლისური

el inglés americano

ამერიკული ინგლისური

el chino mandarín

ჩინური მანდარინი

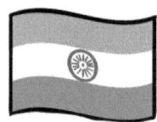

el hindi

ჰინდი

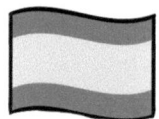

el español

ესპანური

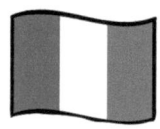

el francés

ფრანგული

el árabe

არაბული

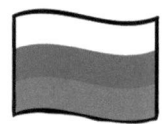

el ruso

რუსული

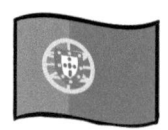

el portugués

პორტუგალიური

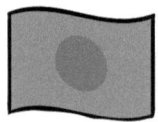

el bengalí

ბენგალური

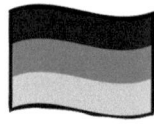

el alemán

გერმანული

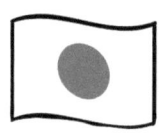

el japonés

იაპონური

quién / qué / cómo
ვინ / რა / როგორ

yo

მე

vos

შენ

él / ella

ის / ის / იგი

nosotros

ჩვენ

ustedes

თქვენ

ellos

ისინი

¿quién?

ვინ?

¿qué?

რა?

¿cómo?

როგორ?

¿dónde?

სად?

¿cuándo?

როდის?

el nombre

სახელი

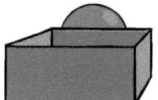

dónde
სად

detrás

უკან

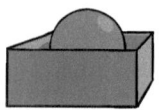

en

შიგნით

adelante de

წინ

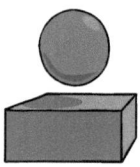

por encima de

ზედ

sobre

=-ზე

debajo de

ქვეშ

al lado de

გვერდით

entre

შორის

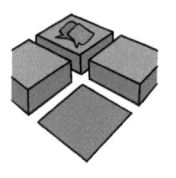

el lugar

ადგილი